THIS COLORING BOOK BELONGS TO:

____

ALLOSAURUS

ANKYLOSAURUS

APATOSAURUS

BARYONYX

BRACHIOSAURUS

CARNOTAURUS

CERATOSAURUS

CORYTHOSAURUS

DIMETRODON

GALLIMIMUS

IGUANODON

PARASAUROLOPHUS

PLESIOSAURUS

PTERODACTYL

PTEROSAUR

PARASAUROLOPHUS

STEGOSAURUS

STYRACOSAURUS

TRICERATOPS

TYRANNOSAURUS

VELOCIRAPTOR

PTERODACTYL

TRICERATOPS

SPINOSAURUS

CERATOSAURUS